Editor
Panamericana Editorial Ltda.

Dirección editorial
Conrado Zuluaga

Edición
Javier R. Mahecha López

Ilustraciones
Aurélie Guillerey

Traducción
Fabienne Gokelaere

Título original
Douceurs d'ici, saveurs d'ailleurs

Primera edición en Panamericana Editorial Ltda., febrero de 2009

© Actes Sud, 2003
© Panamericana Editorial Ltda., 2009
Calle 12 No. 34-20. Tels.: (57 1) 3603077 – 2770100
Fax: (57 1) 2373805
Correo electrónico: panaedit@panamericana.com.co
www.panamericanaeditorial.com
Bogotá, D.C., Colombia

ISBN 978-958-30-2664-5

Impreso por Panamericana Formas e Impresos S.A.
Calle 65 No. 95-28. Tels: (57 1) 4302110 – 4300355. Fax: (57 1) 2763008
Bogotá, D.C., Colombia

Quien sólo actúa como impresor.

Impreso en Colombia   *Printed in Colombia*

CORINNE ALBAUT

31 POSTRES PARA PEQUEÑOS CHEFS

ILUSTRACIONES DE
AURÉLIE GUILLEREY

Para Charles, Maxence y Marjolaine

PANAMERICANA
EDITORIAL

CONTENIDO

TODOS LOS UTENSILIOS
PARA CONVERTIRTE
EN UN TALENTOSO PASTELERO

Cuchara y espátula de palo	Embudo	Moldes para cortar galletas	Rodillo
Moldes pequeños	Escurridor	Cascanueces	Rallador
Cuchillo y pelador	Refractaria	Filtro para café	Papel aluminio

Licuadora manual eléctrica

Exprimidor

Mazo o martillo

Tabla para picar

Olla con tapa

Recipiente hondo

Sartén

Batidora eléctrica

Moldes de tortas y tartas

Cubeta para hielo

Balanza

Papel absorbente

Si tu horno no tiene marcas de número sino escalas de temperatura, guíate por el siguiente cuadro y busca la equivalencia:

Marcas de número (temp.)	Escalas de temperatura	ºF	ºC
1/4 – 1/2	Muy frío	225 – 250	110 – 130
1 – 2	Frío	275 – 300	140 – 150
3 – 4	Moderado	325 – 350	170 – 180
5 - 6	Moderado caliente	375 – 400	190 – 200
7 - 8	Caliente	425 – 450	220 – 230
9	Muy caliente	475	240

ALEMANIA y AUSTRIA

DESDE EL DANUBIO AZUL
HASTA LA SELVA NEGRA
PODEMOS ESCOGER
BIZCOCHOS O GALLETAS,
TARTAS DE AVELLANA...
PERO PARA NAVIDAD,
CUANDO LLEGE LA NOCHE,
COMPARTIREMOS UN PAN
ADORNADO DE UVAS Y DE FRUTAS.

PAN DE NOEL

1. Pon las uvas pasas en una taza y cúbrelas con agua tibia.

2. Vierte 250 gramos de harina en un recipiente hondo y agrega la levadura. Mezcla.

3. Calienta la leche en una taza algunos segundos en el horno microondas.

4. Añádele a la leche: el azúcar, el azúcar de vainilla y una pizca de sal. Mezcla todo y viértelo en la harina.

- *100 gramos de mantequilla*
- *1 sobre de levadura*
- *300 gramos de harina*
- *1 taza de leche*
- *50 gramos de azúcar*
- *1 sobre de azúcar de vainilla*
- *100 gramos de uvas pasas*
- *100 gramos de frutas confitadas*
- *Sal*

➤ *Utensilio: una refractaria*

 Tiempo de preparación: 2 horas (con las pausas)

5 Amasa bien con las manos o con la batidora.

6 Tapa con un limpión el recipiente y deja la masa reposar a temperatura ambiente durante 30 minutos.

7 Durante este tiempo, mezcla en una taza la mantequilla con la harina que queda (50 gramos).

8 Agrega esta mezcla a la masa que tenías en reposo y amasa nuevamente.

9 Déjala reposar otros 15 minutos de la misma manera.

10 Finalmente, agrégale a la masa las uvas pasas escurridas y las frutas confitadas.

11 Amásala nuevamente y déjala reposar otra vez 15 minutos.

12 Vierte el contenido de la taza en una refractaria untada de mantequilla y métela en el horno bien caliente durante 30 minutos.

CORONAS
DE BERLÍN

Para 25 coronas:
- **4 huevos**
- **100 gramos de azúcar**
- **300 gramos de harina**
- **200 gramos de mantequilla**
- **Azúcar cristalizada**
- **Aceite**

 **Tiempo de preparación:
1 hora 20 minutos**

Cocina dos huevos, en agua hirviendo, durante 10 minutos.

Métetlos en agua fría.

Quítales las yemas y machácalas con un tenedor en un plato.

8 Haz bolitas de masa del tamaño de una nuez. Úntalas de harina y forma tiritas gruesas con los cuales vas a modelar las coronas.

4 En un recipiente hondo echa las otras dos yemas de los huevos crudos y bátelas. Aparta las claras.

9 Coloca una hoja de papel aluminio encima de la placa del horno y úntala de aceite.

10 Dispón las coronas dejando un espacio de 2 a 3 centímetros entre cada una, porque van a extenderse un poco.

5 Añade los huevos cocinados triturados mezclando bien; luego el azúcar, 250 gramos de harina y la mantequilla.

11 Bate las claras de los huevos y vierte sobre cada corona.

6 Remueve bien la preparación hasta obtener una consistencia homogénea.

12 Espolvorea un poco de azúcar cristalizada encima.

7 En un plato hondo vierte los 50 gramos de harina restantes.

13 Ponlas en el horno a 180 °C durante 20 minutos.

TORTA IMPERIAL

- *3 huevos*
- *75 gramos de harina*
- *Media taza de leche o crema de leche*
- *50 gramos de azúcar en polvo*
- *25 gramos de mantequilla*
- *100 gramos de uvas pasas*
- *Sal*

➤ *Utensilios: una sartén grande con tapa, dos platos grandes, una batidora.*

Tiempo de preparación: 45 minutos

1 Separa la yema de la clara de los huevos.

2 En un recipiente hondo, mezcla las yemas, la harina, la sal y la leche.

3 Bate las claras a punto de nieve y agrega el azúcar revolviendo suavemente.

14

4 Incorpora cuidadosamente las claras batidas a la preparación.

5 Echa la mitad de la mantequilla en una sartén grande y ponla a calentar.

6 Cuando esté caliente, vierte la masa y pon el fuego en bajo.

7 Al cabo de 2 minutos, esparce las uvas pasas por encima.

8 Tapa la sartén y deja cocinar de 2 a 3 minutos.

9 ¡Ten cuidado! esta parte es delicada: desliza la torta sobre un plato grande, ponle otro plato encima y voltéalo.

10 Echa el resto de mantequilla en la sartén y cocina la torta por el otro lado unos 5 minutos.

Se come tibio. Acompáñalo con ciruelas pasas o compota de manzana ¡es más delicioso!

TARTA
DE ARDILLA

- Media taza de crema de leche
- 1 ½ taza de leche
- 150 gramos de azúcar
- 1 sobre de azúcar de vainilla
- 150 gramos de avellanas
- Masa lista para repostería

➤ Utensilios: un molde de tarta, una licuadora manual eléctrica

🕐 Tiempo de preparación: 1 hora

1 Pulveriza las avellanas con la licuadora.

2 En un recipiente hondo mezcla el azúcar, el azúcar de vainilla y las avellanas.

3 Añade la leche poco a poco, revolviendo, y luego la crema de leche.

4 Extiende la masa en el molde de tarta.

5 Vierte la preparación encima.

6 Pon el molde en el horno caliente (200 °C) de 30 a 40 minutos, vigilando que no se queme la parte de encima.

LOS BALCANES

DELICADOS SABORES
PERFUMAN LOS MANJARES:
UVAS, ALBARICOQUES, MIEL.
SUTILES OLORES
ANTOJAN EL PALADAR:
LIMÓN, ROSA, CANELA.

MOSAICO DE TRIGO

1 Pon en un recipiente hondo los albaricoques, las ciruelas y las uvas pasas.

3 En una olla pon el trigo y agrega dos veces su volumen en agua. Deja hervir 30 minutos. Verifica de vez en cuando que haya suficiente agua; si no, agrega un poco más pero no demasiada. Cuando esté cocinado el trigo habrá absorbido toda el agua.

2 Cubre con agua. Coloca una tapa y deja reposar varias horas (por ejemplo, puedes hacerlo en la mañana para la noche, o en la noche para el día siguiente).

- 80 gramos de trigo perlado
- 100 gramos de albaricoques secos
- 100 gramos de ciruelas pasas
- 50 gramos de uvas pasas
- 100 gramos de azúcar
- Canela

Tiempo de preparación:
40 minutos (en dos
tiempos)

4 Mientras tanto, escurre las frutas secas.

5 Pica en pedacitos los albaricoques y las ciruelas pasas.

6 Al final de la cocción del trigo, añade a la olla el azúcar y las frutas secas.

7 Revuelve bien y deja reposar 5 minutos para que el trigo se impregne de las frutas.

8 Vierte todo en un recipiente hondo, espolvorea la canela por encima y déjalo en la nevera.

YOGURTINA

- *1 yogur*
- *1 huevo*
- *250 gramos de azúcar*
- *Medio limón*
- *30 gramos de mantequilla (utiliza un poco para untar el molde)*
- *150 gramos de harina*
- *Medio sobre de levadura*
- *100 gramos de azúcar pulverizada*

➤ *Utensilio: un molde rectangular*

Tiempo de preparación: 1 hora 15 minutos

1 En un recipiente hondo mezcla el yogur, el huevo y el azúcar.

2 Retira la cáscara del limón y rállala. Añade la ralladura a la mezcla.

3 Agrega la mantequilla derretida (20 segundos en el microondas), la harina y la levadura, sin dejar de revolver.

4 Revuelve bien la masa hasta que esté homogénea.

5 Cubre el molde con papel aluminio y úntalo de mantequilla.

6 Vierte la preparación en el molde y hornea a temperatura media (160 °C) durante 45 minutos.

7 Quince minutos antes del final de la cocción, pon en una olla el azúcar pulverizada, el jugo de medio limón y 3 cucharadas soperas de agua, revuelve, y deja que la mezcla hierva a fuego lento durante 10 minutos, sin que empiece a dorarse.

8 Cuando la torta esté lista riégale el almíbar encima y espera a que se enfríe para desmoldearla.

En los Balcanes, se come este bizcocho con pistachos picados. También es muy rico solo.

DELICIA GRIEGA

- *Masa lista de hojaldre*
- *Medio litro de leche*
- *200 gramos de azúcar*
- *30 gramos de sémola*
- *2 huevos*
- *Medio limón*
- *Media taza de agua*
- *Mantequilla*

➤ *Utensilio: una refractaria*

 Tiempo de preparación: 1 hora

1 Pon la leche a hervir con los 50 gramos de azúcar.

2 Cuando empiece a hervir, pon el fuego en bajo y agrega la sémola revolviendo constantemente hasta que se cocine, más o menos 10 minutos.

3 Retira la olla del fuego.

4 Rompe los huevos y bátelos en una taza.

5 Añádelos a la mezcla sin dejar de revolver.

6 Separa la masa de hojaldre en dos partes y extiéndelas para formar dos superficies un poco más grandes que la refractaria. (Si la masa viene extendida, córtala en dos y haz dos bolas que extenderás después).

7 Unta una refractaria con mantequilla.

8 Extiende una masa en la refractaria de manera que sobrepase los bordes.

9 Vierte la preparación sobre la masa.

10 Extiende la otra masa encima y junta los bordes de ambas masas presionándolos.

11 Con un cuchillo, dibuja unas rayas encima, sin cortar la masa.

12 Hornea a 180 °C durante 30 minutos.

13 Mientras tanto, prepara un almíbar mezclando el resto del azúcar, la cáscara rallada y el jugo del medio limón y agua, en una olla.

14 Pon a hervir hasta obtener un almíbar espumoso y blanco. Apaga el fuego y déjalo en reposo.

Este postre se come frío, rociado con el almíbar.

BÉLGICA Y PAÍSES BAJOS

PARA FINALIZAR LA CENA
O A LA HORA DE LOS REFRIGERIOS
UNA TORTA DULCE.
PERO CUANDO LLEGA
EL DÍA DE SAN NICOLÁS,
NOS GUSTAN MÁS LAS CROQUETAS
DE AROMAS PERFUMADOS.

TARTA DEL LLANO

- 250 gramos de harina (deja un poco para espolvorear la mesa)
- 1 sobre de levadura
- 1 huevo
- 75 gramos de mantequilla
- 20 gramos de azúcar
- Media taza de leche tibia
- 3 cucharadas soperas de crema de leche
- 1 sobre de azúcar de vainilla
- 100 gramos de azúcar morena
- Sal

➤ Utensilios: un molde de tarta, un rodillo

 Tiempo de preparación: 2 horas 20 minutos (con las pausas)

1 Diluye la levadura en medio pocillo de leche tibia.

2 Pon la harina en un recipiente hondo. Vierte la leche y la levadura y revuelve.

3 Pon la mantequilla a derretir algunos segundos en el horno microondas (o en una olla a fuego lento).

4 Agrégala a la mezcla con la sal y el azúcar y amasa bien todo. (Puedes hacerlo con una batidora).

5 Tapa el recipiente con un limpión y deja que la masa repose a temperatura ambiente durante 2 horas.

6 Espolvorea un poco de harina sobre la mesa y pon la masa encima.

7 Extiéndela con el rodillo, ponla en tu molde de tarta y pícale el fondo con un tenedor.

8 Bate el huevo con la crema de leche y el azúcar de vainilla en una taza, vierte la mezcla sobre la masa.

9 Distribuye uniformemente el azúcar morena hasta cubrir la preparación.

10 Hornea, a 180 °C, durante 20 ó 30 minutos sin dejar de vigilar. La parte de encima tiene que dorar, ¡pero no quemarse!

Esta tarta se saborea tibia y el mismo día. Después, se endurece.

CROQUETAS

DE SAN NICOLÁS

Para 40 a 50 galletas:
- 250 gramos de harina (deja un poco para espolvorear la mesa)
- Media cucharadita de canela
- Media cucharadita de nuez moscada
- Media cucharadita de jengibre
- 50 gramos de almendras en polvo
- 100 gramos de mantequilla
- 1 sobre de levadura
- 125 gramos de azúcar
- Cáscara rallada de medio limón
- 1 huevo
- Aceite

➤ *Utensilios: moldes de diferentes formas para galletas*

 Tiempo de preparación:
1 hora 30 minutos (con las pausas)

1 En un recipiente hondo mezcla la harina, la levadura y los condimentos.

2 En otro recipiente mezcla la mantequilla, el azúcar, el huevo batido y la cáscara rallada de medio limón.

3 Agrégale a esta preparación la mitad de la mezcla del primer recipiente y las almendras en polvo revolviendo bien; luego vierte el resto.

4 Amasa la mezcla obtenida. Esta masa debe quedar bastante firme.

5 Forma una bola y ponla en la nevera envuelta en papel de cocina durante 45 minutos.

6 Saca la masa de la nevera y extiéndela sobre la mesa donde has espolvoreado harina, de manera que quede de más o menos medio centímetro de espesor.

7 Con los moldes, recorta formas de galletas y colócalas sobre la placa del horno untada de aceite.

8 Hornéalas (180 °C) de 10 a 15 minutos. Retíralas apenas empiecen a dorarse.

9 Cuando estén listas ponlas suavemente sobre una bandeja para que se enfríen.

Según el tamaño de tu horno vas a necesitar varias horneadas. Estas galletas se conservan muy bien en una caja de metal o de plástico.

ESPAÑA Y PORTUGAL

PARA UN AMBIENTE DE AMIGOS:
CHOCOLATE Y CHURROS.
PARA UN AMBIENTE DE FERIA:
TARTA ESPAÑOLA.
PARA UN AMBIENTE DE FIESTA:
UNA CREMA DE CASTAÑUELAS.
PARA UN AMBIENTE DE PORTUGAL:
BREVAS RELLENAS, ¡QUÉ MANJAR!

ESPAÑA

CREMA DE CASTAÑUELAS

- 2 tazas de leche
- 50 gramos de harina
- 50 gramos de azúcar
- 4 cucharadas soperas de azúcar morena
- 1 sobre de azúcar de vainilla
- 4 yemas de huevo

➤ Utensilios: 4 moldes, una batidora

Tiempo de preparación: 30 minutos, y luego 10 minutos

1 Rompe los huevos, aparta las yemas y bátelas en una taza. (Puedes conservar las claras para otra receta o congelarlas).

2 En un recipiente de barro mezcla la harina, el azúcar y el azúcar de vainilla.

3 Añade la yema de los huevos batida y revuelve con fuerza (con la batidora es más fácil).

4 Pon a calentar la leche en una olla.

5 Apenas hierva, retírala del fuego y viértela sobre la mezcla despacio, sin dejar de revolver (es mejor hacerlo con otra persona).

7 Apenas espese la mezcla, viértela en cuatro moldes y pon a enfriar la crema.

6 Echa otra vez todo en la olla y pon a hervir, revolviendo siempre.

8 Cuando la crema esté tibia, espolvorea el azúcar morena encima y mete los moldes en el horno hasta que la parte de encima se caramelice (de 5 a 10 minutos).

TARTA ESPAÑOLA

1 En un recipiente hondo echa las almendras en polvo, el azúcar, los huevos y la harina.

3 En el molde de torta untado de mantequilla pon la mitad de la masa.

2 Revuelve bien estos ingredientes hasta que la preparación quede homogénea.

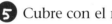

- *125 gramos de almendras en polvo*
- *125 gramos de azúcar*
- *2 huevos*
- *25 gramos de harina*
- *Mermelada de albaricoque*
- *Mantequilla*

➤ *Utensilio: un molde de torta mediano*

 Tiempo de preparación: 1 hora 15 minutos

5 Cubre con el resto de la masa.

4 Unta la parte de encima con mermelada de albaricoque.

6 Cocina en el horno (180 °C) durante 30 minutos.

CHOCOLATE CALIENTE

- 40 gramos de chocolate negro en pastilla
- 1 taza de agua (o de leche con agua, según el gusto)
- 3 gramos de azúcar de vainilla
- 23 gramos de canela en polvo

 Tiempo de preparación: 15 minutos

1 Pon a derretir el chocolate negro partido en pedazos en el agua. (En una olla a fuego lento; o en una taza en el horno microondas).

2 Agrega el resto de líquido (agua o agua con leche) en la olla (o en la taza) mezclando, y luego el azúcar de vainilla y la canela.

3 Bate bien la preparación con un tenedor o con la batidora para que se torne espumosa. Si metiste tu chocolate directamente en una taza, tienes que verterlo en un recipiente hondo para batirlo, si no, ¡cuidado con las salpicaduras!

4 Es mejor saborearlo bien caliente.

DELICIA DE PORTUGAL

- *8 brevas frescas*
- *4 cucharaditas de almendras en polvo*
- *4 cucharaditas de chocolate en polvo*
- *2 yemas de huevo*
- *Media taza de crema de leche*
- *3 cucharadas soperas de azúcar*

➤ *Utensilio: una refractaria*

 Tiempo de preparación: 30 minutos

1 En una taza bate las yemas de huevo con el azúcar, hasta que blanqueen (puedes utilizar la batidora).

2 Calienta la crema de leche en una olla pequeña.

3 Cuando esté caliente, viértela en la mezcla de las yemas con azúcar, revuelve.

4 Vierte otra vez todo en la olla y pon a calentar a fuego lento, sin dejar de revolver, hasta que la mezcla comience a hervir.

5 Pon la crema en un recipiente y métela en la nevera para enfriarla.

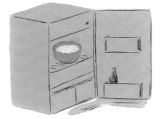

6 En un bol, mezcla las almendras en polvo y el chocolate en polvo.

7 Recorta la parte de encima de las brevas y retira un poco de pulpa para rellenarlas.

8 Mete dentro de cada breva una cucharadita de la mezcla.

9 Ponlas en una refractaria y déjalas cocinar en el horno caliente (200 °C) entre 10 y 15 minutos.

10 Después de sacarlas del horno, dispón dos brevas en cada plato para postre, y rocíalas de crema.

EUROPA CENTRAL

ENTRE POLONIA Y HUNGRÍA,
ESLOVAQUIA Y RUMANIA,
REPÚBLICA CHECA Y RUSIA,
DE CADA PAÍS
SU POSTRE FAVORITO
SE ESCOGIÓ.

ARROZ
SORPRESA

- Medio litro de leche
- 100 gramos de arroz
- 100 gramos de chocolate negro en tableta
- 75 gramos de azúcar
- 100 gramos de frutas confitadas (preferiblemente naranjas y limones)
- Sal

Tiempo de preparación:
40 minutos, luego 10 minutos antes de servir

1 Vierte la leche en una olla y ponla a calentar.

2 Cuando hierva, pon el arroz en la leche y cocina a fuego lento durante unos 30 minutos, revolviendo de vez en cuando. Si notas que el arroz se pega, añade un poco de leche o de agua. Al final de la cocción, el arroz debe quedar bien cocinado y haber absorbido todo el líquido.

③ Agrega la sal, el azúcar y las frutas confitadas cortadas en pedazos.

④ Pasa un recipiente hondo por agua fría y vierte la mezcla en este. Métela en la nevera.

⑤ Justo antes de servir el postre (que tiene que quedar bien frío), echa el chocolate partido en pedazos dentro de una taza con una cucharada de agua y déjalo derretir en el horno microondas 30 segundos (o en una olla a fuego lento).

⑥ Desmoldea el arroz. Si la forma está irregular, puedes alisarlo con una espátula para formar una montaña.

⑦ Cubre la montaña con el chocolate derretido.

FRAISKI FRAISKA

- 100 gramos de azúcar
- 30 gramos de fécula
- 1 taza de agua
- 400 gramos de fresas
- Crema chantillí

Tiempo de preparación:
40 minutos

① Lava las fresas en un escurridor con agua fría.

② Retira las hojas.

③ Coloca unas pocas en un plato y machácalas con un tenedor. Luego echa las fresas en un recipiente hondo a medida que vas obteniendo un puré.

④ Agrega el azúcar y revuelve bien.

⑤ En una olla grande vierte la fécula y añade el agua poco a poco revolviendo.

⑥ Pon a cocinar revolviendo siempre.

⑦ Cuando la mezcla se ponga traslúcida y pegajosa retírala del fuego.

⑧ Agrega el puré de fresas y pon a cocinar nuevamente durante 3 minutos sin dejar de revolver.

⑨ Vierte la preparación en recipientes individuales sin ir a quemarte.

⑩ Deja enfriar la gelatina y luego ponla en la nevera mínimo 2 ó 3 horas.

⑪ En el momento de servir, adorna con crema chantillí.

CLAROS DE LUNA

Para unos 40 cruasanes pequeños:
- 140 gramos de harina
  (deja un poco para espolvorear la placa del horno)
- 100 gramos de mantequilla
- 25 gramos de azúcar
- 2 sobres de azúcar de vainilla
- 50 gramos de almendras en polvo
- 4 cucharadas soperas
  de azúcar pulverizada

Tiempo de preparación:
15 minutos, luego 2 horas de pausa,
luego 45 minutos

1 En un recipiente hondo mezcla bien todo los ingredientes menos el azúcar pulverizada. (Puedes utilizar una batidora).

2 Forma una bola con la masa obtenida.

3 Envuélvela con papel de cocina y métela en la nevera durante 2 horas.

4 Aplasta la masa un poco sobre la mesa. Vas a utilizarla como plastilina.

5 Desprende unos pedazos de masa y modélalos en forma de cruasán pequeño de 3 a 4 centímetros.

6 Disponlos sobre la placa del horno espolvoreada de harina y déjalos en el horno durante 10 minutos (160 °C).

7 Retíralos del horno.

8 Echa el azúcar pulverizada en un plato hondo.

9 Unta los cruasanes pequeños tibios en el azúcar, para que queden bien impregnados y blancos.

CRUASANES
SORPRESA

Para 6 cruasanes:
- *75 gramos de mantequilla*
- *80 gramos de harina (deja un poco para espolvorear la mesa)*
- *80 gramos de quesitos frescos (estilo yogur o cuajada)*
- *1 cucharada sopera de azúcar*
- *1 yema de huevo*
- *Mermelada (al gusto)*
- *Aceite*
- *Sal*

➤ *Utensilio: un pincel para untar*

 Tiempo de preparación:
1 hora 30 minutos
(con las pausas)

1 En un recipiente hondo mezcla la harina, la sal, la mantequilla y los quesitos.

2 Amasa bien (con una batidora es más fácil).

3 Deja reposar la preparación durante 30 minutos.

4 Espolvorea un poco de harina en la mesa y extiende la masa de manera que quede de medio centímetro de espesor.

5 Recorta triángulos de 10 cm de lado. Cuando hayas utilizado toda la superficie, forma otra vez una bola con la masa y extiéndela nuevamente.

6 En el centro de cada triángulo, agrega una cucharadita de mermelada. (Utiliza varios sabores de mermelada ¡y habrá más sorpresa!).

7 Enrolla los triángulos empezando de un lado hacia la punta opuesta y dales la forma de un cruasán.

8 Con un pincel unta los cruasanes con la yema de huevo.

9 Colócalos encima de la placa del horno untada de aceite y deja cocinar en el horno no muy caliente (160 °C).

¡Tibios son más deliciosos!

CAPRICHO
DE LOS ZARES

- 3 tazas de leche
- 100 gramos de sémola de trigo duro
- 50 gramos de mantequilla
- 2 huevos
- 100 gramos de azúcar
- 1 sobre de azúcar de vainilla
- 100 gramos de almendras en polvo
- 1 tarro grande de albaricoques (mitades) en almíbar
- Almendras tajadas

➤ Utensilio: una refractaria

Tiempo de preparación: 45 minutos

① Pon a hervir la leche.

② Vierte la sémola, poco a poco en la olla, sin dejar de revolver.

③ Deja cocinar a fuego lento de 6 a 8 minutos revolviendo de vez en cuando. La sémola debe espesar.

4 Retira la olla del fuego y añade el azúcar (menos una cucharada que guardas aparte), el azúcar de vainilla, las almendras en polvo, los huevos y la mantequilla. Revuelve bien todo.

5 Escurre los albaricoques encima de un recipiente para conservar el jugo.

6 En una refractaria vierte la mitad de la preparación. Dispón encima las mitades de albaricoques pero deja aparte algunas que vas a utilizar en la decoración.

7 Cubre con el resto de la sémola.

8 Espolvorea el resto de azúcar sobre la preparación y métela en el horno caliente unos 10 minutos para que se dore, monitoreando el color.

9 Cuando la saques del horno, cúbrela con unas cucharadas de almíbar de albaricoque y adorna con las mitades de frutas restantes; esparce unas almendras tajadas.

FRANCIA

FRANCIA, DULCE FRANCIA,
CUERNO DE LA ABUNDANCIA
DE MUCHOS PLACERES,
BIZCOCHOS, TARTAS O MOUSSES,
¿QUÉ POSTRE ESCOGER
CUANDO TODOS NOS GUSTAN?

TARTA TATIN

- 1 kilo de manzanas
- 75 gramos de mantequilla
- 125 gramos de azúcar
- Caramelo líquido listo
- Masa lista para repostería

➤ Utensilio: un molde redondo con los bordes altos

🕐 Tiempo de preparación y cocción: 1 hora 10 minutos

Pela y retira las semillas de las manzanas y córtalas en rebanadas grandes.

 Cubre el fondo del molde con el caramelo líquido.

 Organiza las rebanadas de manzanas bien apretadas en el molde, coloca varias capas para que no queden espacios.

 Corta la mantequilla en pedacitos y repártelos encima de las manzanas.

 Espolvorea el azúcar.

 Coloca la masa lista encima, metiendo los bordes en el molde con un cuchillo, para envolver bien las manzanas.

 Cocina en el horno caliente durante 45 minutos.

 Para servir desmoldea cuidadosamente la tarta encima de la bandeja. Las manzanas caramelizadas van en la parte superior.

ROLLO DE NAVIDAD

Para la masa:
- 100 gramos de harina
- 75 gramos de azúcar
  (deja un poco para el limpión)
- 3 huevos
- Aceite

Para la crema:
- 125 gramos de chocolate en tableta
- 3 yemas de huevo
- 2 cucharadas soperas de azúcar
- 200 gramos de mantequilla
- Azúcar pulverizada

 Tiempo de preparación:
45 minutos

1 Para la masa separa la clara de la yema de los tres huevos.

2 Vierte el azúcar sobre las yemas y revuelve con fuerza hasta que la mezcla blanquee.

3 Agrega la harina poco a poco.

4 Bate las claras a punto de nieve.

5 Incorpóralas revolviendo cuidadosamente.

6 Coloca una hoja de papel aluminio sobre la placa del horno y úntala de aceite.

7 Vierte la masa hasta aproximadamente 1,5 cm de altura.

8 Cocina en el horno bien caliente durante 8 minutos.

9 Durante la cocción de la masa prepara la crema. Pon a derretir el chocolate partido en cuadros en 2 cucharadas de agua (en una olla o en el horno microondas).

10 Añade las 3 yemas de huevo, el azúcar y la mantequilla ablandada, no dejes de revolver.

11 Cuando la masa esté cocida voltéala sobre un limpión húmedo sobre el cual has regado azúcar.

12 Distribuye la mitad de la crema sobre la masa. Enróllala completamente y corta los dos extremos.

13 Unta el rollo con el resto de la crema. Espolvorea el azúcar pulverizada encima y dibuja con un tenedor unas estrías para imitar textura de madera.

Puedes remplazar la crema de chocolate con mermelada para hacer un simple bizcocho enrollado: también es muy rico.

TARTA DEL REY

- *2 masas listas de hojaldre*
- *100 gramos de azúcar*
- *100 gramos de almendras en polvo*
- *2 huevos y 1 yema*
- *El jugo de medio limón*
- *40 gramos de mantequilla*
- *Aceite*
- *Una sorpresa*

 Tiempo de preparación: 50 minutos

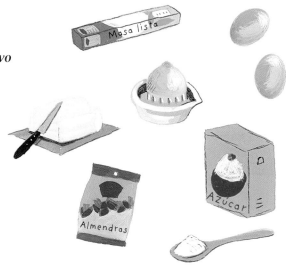

1 Extiende una hoja de papel aluminio sobre la placa del horno y úntala de aceite.

2 Mezcla todos los ingredientes en un recipiente hondo.

3 Extiende una masa de hojaldre sobre la placa de cocción.

4 Vierte la mezcla encima sin que alcance los bordes.

5 Coloca la sorpresa en la mezcla.

6 Cubre con la segunda masa de hojaldre.

7 Sube un poco de los bordes y juntalos para que no salga la masa.

8 Unta la tarta con una yema de huevo batida.

9 Dibuja rayas cruzadas con la punta de un cuchillo, sin partir la masa.

10 Cocina en el horno a 180 °C durante 25 minutos.

CHOCOMOUSSE

- *125 gramos de chocolate negro en pastillas*
- *4 huevos*
- *4 cucharadas soperas de agua*
- *Sal*

 *Tiempo de preparación: 30 minutos*

 Parte el chocolate en cuadros.

2 Derrítelo en el horno microondas con las cuatro cucharadas de agua (o en una olla, a fuego lento, revolviendo).

3 Separa la clara de la yema de los huevos.

4 Añade las yemas al chocolate derretido revolviendo bien, y luego una pizca de sal.

5 Bate las claras a punto de nieve, y agrégalas a la mezcla agitando cuidadosamente.

6 Mete la preparación en la nevera.

Para una consistencia más liviana, utiliza solamente dos yemas de huevo para cuatro claras.

ITALIA

¡ITALIA NO TIENE
ÚNICAMENTE PASTA Y PIZZA!
¿POR QUÉ NO PRUEBAN SU TIRAMISÚ O
SU PAN DE GÉNOVA TIERNO?
NO LES CUENTO MÁS.
A VER PEQUEÑOS CHEFS,
¡A COCINAR!

TIRAMISÚPER

- 250 gramos de queso crema
- 75 gramos de azúcar
- 3 huevos
- 1 caja de galletas (deditos)
- Chocolate en polvo
- 2 cucharaditas de café instantáneo en polvo

➤ *Utensilios: una refractaria redonda de tamaño mediano, una batidora*

Tiempo de preparación: 45 minutos

1 Separa la clara de la yema de los tres huevos.

2 En un recipiente hondo pon el queso crema con el azúcar y mézclalos con la batidora.

3 Agrega las tres yemas de huevo.

4 Bate las claras a punto de nieve y añádelas a la mezcla, revolviendo cuidadosamente.

5 Prepara una taza grande de café, con agua tibia y dos cucharaditas de café instantáneo (puedes utilizar el café que tus padres preparan para ellos).

6 En la refractaria reparte una capa de la mezcla de huevos con el queso crema.

7 Moja las galletas, una por una, en el café y organízalas apretadas una contra otra, sobre la crema.

8 Cubre con la mezcla, luego con las galletas (siguiendo las mismas instrucciones), hasta que hayas utilizado todo.

9 Oprime bien la preparación pasando una espátula sobre toda la superficie.

10 Métela en la nevera durante mínimo 3 horas. (Lo ideal es preparar este postre en la mañana para la noche).

11 Al momento de servir, espolvorea el chocolate en polvo por encima.

RECUERDOS DE GÉNOVA

- 100 gramos de harina
- 250 gramos de almendras en polvo
- 125 gramos de mantequilla
  (deja un poco para espolvorear el molde)
- 300 gramos de azúcar
- 4 huevos

➤ Utensilios: un molde de torta
y una batidora

Tiempo de preparación:
1 hora

1 Pon la mantequilla en un recipiente hondo con el azúcar y mézclalas un buen tiempo con la batidora. (También puede hacerse con la licuadora manual, ¡pero es muy difícil!).

2 Agrega los huevos uno por uno, revolviendo.

3 Vierte la harina y las almendras en polvo en el recipiente hondo y mezcla bien todo.

5 Hornea a temperatura media (160 °C) durante 45 minutos.

4 Unta de mantequilla el molde de torta y vierte ahí la preparación.

Si quieres puedes añadirle a esta tarta uvas pasas o cáscaras de naranjas confitadas. Solamente tienes que incorporarlas a la masa justo antes de verterla en el molde.

PAÍSES NÓRDICOS

ARRIBA, EN EL NORTE,
POBLACIONES MISTERIOSAS
DE ELFOS Y DUENDES
NOS OFRECEN SUS TESOROS:
CREMAS DELICIOSAS
Y GALLETAS DIVINAS.

JALEA DEL NORTE

- 250 gramos de frambuesas
- 250 gramos de grosellas (puedes utilizar frutas congeladas)
- 2 tazas de agua
- 30 gramos de fécula
- 1 limón
- 150 gramos de azúcar
- 1 sobre de azúcar con vainilla
- Almendras tajadas

➤ Utensilios: una licuadora, una olla y dos recipientes hondos

 Tiempo de preparación: 30 minutos

① Enjuaga las frutas rápidamente con agua fría en un escurridor y quítales el rabillo a las grosellas.

② Licua las frutas para hacer un puré.

③ Echa este puré en una olla con el azúcar y el azúcar de vainilla, y ponlo a cocinar.

④ En un recipiente hondo exprime el jugo del limón y disuelve la fécula con este jugo.

⑤ Cuando el puré de frutas empiece a hervir, viértelo en el recipente que contiene el limón y la fécula sin dejar de revolver. (Es mejor contar con la ayuda de un adulto y poner mucho cuidado, ¡porque está muy caliente!).

⑥ Vierte nuevamente todo en la olla y ponlo a hervir, revolviendo continuamente.

⑦ Apenas hierva, retira la olla del fuego.

⑧ Vierte todo en otro recipiente hondo.

⑨ Esta crema se come bien fría. Métela entonces en la nevera mínimo 2 horas.

⑩ Al momento de servir, adorna el plato con las almendras tajadas. (¡Los golosos pueden agregarle crema chantillí también!).

GALLETAS
DE LOS DUENDES

- *3 manzanas grandes para cocinar*
- *200 gramos de azúcar*
- *1 ½ taza de crema de leche líquida*
- *200 gramos de galletas de mantequilla*

➤ *Utensilio: una batidora*

 Tiempo de preparación:
45 minutos

Pela las manzanas, retírales las semillas y córtalas en rebanadas.

Ponlas en una olla con 150 gramos de azúcar y cúbrelas con agua.

Cocínalas hasta que las manzanas se caramelicen (más o menos 15 minutos).

Parte las galletas sobre una tabla para picar y tritúralas con el rodillo.

5 Vierte la crema de leche líquida en un recipiente hondo y revuélvela con la batidora hasta que quede bien espumosa.

6 Agrega el azúcar restante (50 gramos) y mézclala.

7 En un plato hondo o en un recipiente de barro coloca la mitad de las manzanas, la mitad de las galletas machacadas y la mitad de la crema, después sigue con el resto en el mismo orden.

8 Deja la preparación en la nevera durante varias horas para que las galletas queden bien mojadas. (Lo ideal es preparar este postre en la mañana para la noche o el día siguiente).

TRENZA DE LOS ELFOS

- *250 gramos de harina (deja un poco para espolvorear la mesa)*
- *1 sobre de levadura*
- *20 gramos de azúcar*
- *1 taza de leche*
- *30 gramos de mantequilla*
- *1 huevo y una yema*
- *Almendras tajadas*
- *Sal*

 Tiempo de preparación:
2 horas 30 minutos (con las pausas y el tiempo de cocción)

1 Pon la harina en un recipiente hondo. Agrega la levadura, el azúcar y la sal. Revuelve todo.

2 Pon a calentar la leche en una olla o algunos segundos en el horno microondas (cuidado, no debe quedar muy caliente porque daña la levadura).

Forma un hueco en el centro de la harina y vierte, poco a poco, la leche revolviendo (puedes hacerlo con la batidora).

Agrega la mantequilla derretida (en el horno microondas) y el huevo.

Amasa nuevamente.

Cuando la masa esté bien homogénea, cúbrela con un limpión y coloca el recipiente en un lugar fresco durante 30 minutos para que la masa repose.

Después del tiempo de reposo pon la masa sobre la mesa donde has espolvoreado la harina.

Amasa un poco y luego sepárala en tres pedazos.

Moldea tres tiras gruesas del mismo tamaño.

Crúzalas para formar una trenza y junta los extremos para pegarlos.

Deja la trenza reposar otros 15 minutos.

Con un pincel, unta la trenza con la yema del huevo y esparce las almendras tajadas.

Hornea durante 40 minutos aproximadamente a 180 °C.

REINO UNIDO

EN EL REINO UNIDO
LA HORA DE TOMAR EL TÉ
ES EL MEJOR MOMENTO DEL DÍA,
¡SOBRE TODO SI SE OFRECE
CON GALLETAS O POSTRES!

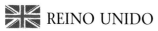
DULCE ÑAMI ÑAMI

- *2 huevos*
- *2 limones*
- *5 cucharadas soperas de azúcar*
- *1 taza de agua*
- *2 cucharadas soperas de maicena*

➤ *Utensilios: una refractaria, una batidora*

Tiempo de preparación: 40 minutos

1 Exprime los limones y aparta el jugo en una taza.

2 Separa la clara de la yema de los huevos.

3 Bate las claras a punto de nieve y agrega 3 cucharadas de azúcar, revolviendo cuidadosamente.

4 Echa la maicena en un recipiente hondo y disuélvela en un poco de agua.

5 Vierte el resto del agua en una olla y ponla a hervir.

6 Cuando hierva, viértela encima de la maicena, poco a poco, sin dejar de revolver.

7 Agrega las yemas batidas, el jugo de los limones y dos cucharadas de azúcar.

8 Pon nuevamente todo en la olla y deja hervir revolviendo.

9 Cuando la crema espese, viértela en la refractaria.

10 Reparte uniformemente la clara batida encima.

11 Pon la refractaria en la parte de abajo del horno, a la temperatura mínima y dejando la puerta del horno entreabierta durante 1 hora y media, hasta que la crema tome consistencia.

PANECILLOS

Para 16 panecillos:
- *300 gramos de harina (deja un poco para espolvorear la mesa)*
- *2 cucharaditas de levadura*
- *50 gramos de azúcar*
- *80 gramos de mantequilla*
- *2 huevos*
- *5 cucharadas soperas de leche*
- *Azúcar cristalizada*
- *Aceite*
- *Sal*

➤ *Utensilio: un vaso*

Tiempo de preparación: 50 minutos

1 En un recipiente hondo, mezcla la harina, la levadura, la sal y el azúcar.

2 Añade la mantequilla partida en pedacitos y amasa todo con la punta de los dedos. Se vuelve una especie de mezcla arenosa.

3 En una taza bate un huevo y una yema (aparta la clara) con la leche.

4 Agrégalo a la preparación y mezcla todo para formar una masa homogénea.

5 Ponla sobre la mesa bien untada de harina y extiéndela con un espesor de 2 centímetros.

6 Con el vaso recorta unos círculos.

7 Extiende una hoja de papel aluminio sobre la placa del horno y úntala de aceite.

8 Dispón los panecillos sobre la placa dejando un espacio entre ellos.

9 Bate la clara del huevo con un tenedor y unta la parte de encima de los panecillos.

10 Espolvorea ligeramente el azúcar cristalizada.

11 Ponlos a cocinar en el horno durante 15 minutos a 180 °C.

Los panecillos se comen tradicionalmente al desayuno o para los refrigerios de la tarde, con mantequilla y mermelada de naranja.

CRUMBLE
DEL JARDÍN

- 1 kilo de frutas: manzanas, grosellas, ruibarbo o una mezcla de frutos rojos. Todas las frutas sirven.
- 125 gramos de mantequilla
- 125 gramos de harina
- 40 gramos de azúcar

➤ Utensilio: una refractaria

Tiempo de preparación: aproximadamente 1 hora

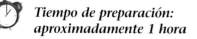

1 Prepara las frutas. Si son manzanas pélalas, quítales las semillas y córtalas en rebanadas. Si son frutos rojos quítales las hojas. Si es ruibarbo corta los tallos en trozos, pélalos con el pelador y córtalos en pedacitos.

2 En una sartén calienta 50 gramos de mantequilla.

3 Pon a cocinar las frutas más o menos 15 minutos hasta que queden como una compota. Añade entonces el azúcar revolviendo.

4 Mientras tanto echa la harina en un recipiente hondo y agrégale el resto de la mantequilla cortada en pedacitos.

5 Amasa esta mezcla con la punta de los dedos para hacer una especie de polvo.

6 Unta la refractaria de mantequilla.

7 Echa las frutas.

8 Distribuye la masa en polvo uniformemente encima enrollándola entre los dedos como si fuera arena.

9 Cocina en el horno durante 25 minutos.

DULZURAS PARA FIESTAS

IDEAS ESPECTACULARES
PARA UN CUMPLEAÑOS.
REVOLUCIÓN EN LA COCINA
PARA EL DÍA DE LOS NIÑOS.
REVOLCÓN EN CASA
PARA UNA SUPERCENA DE NAVIDAD.

PARA TU CUMPLEAÑOS

● Haz un tren con pan de especias colocando los trozos como si fueran los vagones sobre un circuito dibujado en un mantel de papel. Confecciona las ruedas con rollos de regaliz (un rollo para dos ruedas).

● Dispón en la mesa una variedad de bols pequeños con crema, mantequilla, queso crema, mermelada o frutas en almíbar, para que cada persona pueda untar el pan a su gusto. También puedes elaborar este tren con rebanadas de pan cortadas en forma de triángulo.

● Para acompañar las bebidas prepara hielos sorpresa. Solamente necesitas colocar unas uvas o cerezas o trozos de frutas en las cubetas de hielo y cubrirlos con agua. Pon algo encima para que no se suban. También puedes preparar hielos aromatizados y colorados agregándoles sirope (almíbar de frutas) con agua.

● Para decorar un bufé inventa flores hechas con dulces de mazapán que repartirás en diferentes platillos. Por ejemplo: un girasol cuyos pétalos sean bananos y su corazón sea una fresa.

● Decora las ventanas con vitrales originales: necesitas hojas de papel calcante y caramelos o dulces ácidos; mójalos de un lado y pégalos sobre el papel formando motivos bonitos. Colgados al frente de las ventanas ¡queda fenomenal!

PARA EL DÍA DE LOS NIÑOS

● Haz un "árbol de espantos". Necesitas una rama de un árbol seco con numerosas ramitas. Entiérrala en una maceta y adórnala como un árbol de Navidad, pero con objetos que asustan. Por ejemplo, con la receta de las croquetas de san Nicolás (página 32), de Países Bajos, moldea unos fantasmas pequeños. Antes de cocinarlos pásales un hilo con una aguja adentro para poder colgarlos. Cuando estén cocinados úntalos con una mezcla de azúcar pulverizada y agua para que queden blancos.

● Puedes colocar también en tu árbol todo tipo de gomitas en forma de monstruos. Si quieres, organiza un bufé de día de los niños: compra unos panecillos redondos que puedes transformar en brujas. Solamente tienes que echarles encima chocolate negro derretido con un poco de agua (en el horno microondas), hacerles un peinado con un cono de cartón negro, y ponerles una escoba de madera de regaliz un poco deshilachada.

● En unos vasos de plástico transparentes prepara pociones mágicas alternando helado de naranja y de chocolate negro, que metes en el congelador hasta el momento de comerlos.

PARA NAVIDAD

UN ÁRBOL DE NAVIDAD PARA MORDER, PARA COMER

- Guirnaldas hechas con lazos sobre los cuales ensartas masmelos.

- Pequeños claros de luna (página 50), receta de la República Checa. Si los prefieres de color puedes untarlos con azúcar pulverizada mezclada con almíbar de menta o de granadilla.

- Nueces doradas con marcadores o con pintura sobre las cuales pegas una cinta con un nudo.

- Mandarinas y bananos pequeños.

Y claro: dulces, dulces y más dulces.

UN SURTIDO DE TRECE POSTRES

● Es la tradición en Provenza. Tienes que reunir: uvas pasas, almendras, avellanas, brevas, dátiles, nueces, turrón, naranjas (o mandarinas), manzanas (o peras), dulce de membrillo, frutas confitadas, pastelillos de turrón y un pan de leche con aceite de oliva llamado *pompe*.

VASOS TOTALMENTE HELADOS

● Coloca cuidadosamente los bordes del vaso en el plato con sirope (almíbar de frutas) y luego en el plato con azúcar. Obtienes así un escarcha bonita en el borde de los vasos.

BREVE HISTORIA
DEL AZÚCAR

Nuestros ancestros más lejanos, los hombres de la Prehistoria, apreciaban ya los sabores dulces porque masticaban pedazos de corteza de abedul, ligeramente dulce, como si fuera un chicle.

En la Antigüedad nuestros antepasados griegos y romanos utilizaban la miel de abeja para introducir el sabor dulce en su cocina.

Pero es en India y China donde se descubre primero el azúcar a partir de la caña de azúcar.

En el siglo VII llegó a España donde se aclimató perfectamente.

Francia conoció desde entonces sus primeros dulces, a base de azúcar y condimentos, desafortunadamente reservados a la gente adinerada.

Después, Cristóbal Colón tuvo la idea de llevar plantas de caña de azúcar a las Antillas donde el clima le convenía perfectamente. Se trataba la caña ahí mismo y se llevaba el azúcar a Europa.

Finalmente, al principio del siglo XIX, empezó a extraerse el azúcar de la remolacha y se volvió un alimento muy popular.

Luego, la imaginación del ser humano ha permitido crear incesantemente múltiples maneras de utilizarla, de los dulces a los postres de todo tipo, y hasta para medicamentos. Es más fácil pasar una píldora amarga con un recubrimiento de azúcar ¡o una tristeza con un cuadrito de chocolate!

Hasta la década de 1980 se resaltaban todas las virtudes del azúcar. Era el símbolo de la fuerza, de la energía, de la vitalidad. Era muy importante consumirla. Se utilizó y se consumió demasiado y finalmente la gente se dio cuenta de que era peligroso: llevaba al consumidor a la obesidad. Surgió entonces un gran movimiento con la idea contraria. El azúcar se convirtió en "enemigo" de la salud. Los productos de sustitución, los postres bajos en azúcar (*light*), se hicieron más importantes en los supermercados.

Como puedes darte cuenta la historia del azúcar es muy agitada. Debe ser que su poder es grande porque suscita pasiones y rechazos.

La sabiduría está seguramente en un equilibrio. Comamos azúcar pero sin pasar los límites. Que siga siendo un placer para el paladar sin volverse un elemento de dependencia.